职业教育 • 道路运输类专业教材

公路工程造价

第2版

（工作页）

周庆华　主　编

班级：________________

姓名：________________

学号：________________

人民交通出版社
北　京

目　录

学习任务1　公路工程定额运用专项训练

一、任务目的

通过学习公路工程定额,结合道路、桥梁工程等的施工工艺,在熟悉定额运用的基本方法后,开展公路工程定额的综合运用。

二、参考材料

1. 教材“模块二　公路工程定额”相关内容。

2.《公路工程预算定额(上、下册)》(JTG/T 3832—2018)、《公路工程建设项目概算预算编制办法》(JTG 3830—2018)。

三、任务描述

某二级公路长度为6km,基层宽24.6m、厚度为20cm、材料为5.5%水泥稳定碎石,底基层宽25.16m、厚度为32cm、材料为4%水泥稳定碎石,采用分层(16cm+16cm)摊铺和碾压的方式作业。施工方案为采用300t/h稳定土拌和设备集中拌和,15t自卸汽车运输,运距为3km,12.5m摊铺机摊铺混合料。路面两侧设置C30水泥混凝土预制块路缘石,路面结构图如下图所示。试确定该路面工程项目基层、底基层和路缘石三个分项工程的预算定额,并填写分项工程概(预)算表(21-2表)。

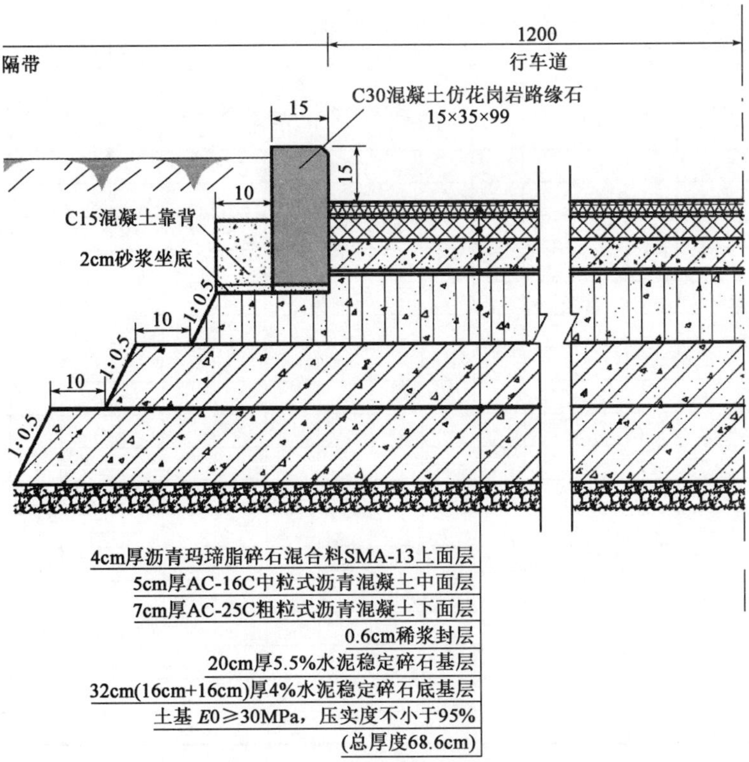

某二级公路路面结构图(尺寸单位:cm)

四、任务实施

1. 全班统一任务，在教师的指导下分小组进行。
2. 任务小组由 2 ~ 3 人组成，相互配合，共同完成任务。
3. 小组成员应注意沟通协调，保持认真负责、严谨认真的工作态度，树立团队意识。
4. 表格填写应规范、清晰，定额编号、单位、代号等符合定额中的要求，并针对项目实际情况对定额数据进行调整，正确计算定额消耗量，避免出现计算错误。

分项工程概（预）算表（电子表格）

五、任务表格

依据《公路工程建设项目概算预算编制办法》（JTG 3830—2018），本次任务填写的分项工程概（预）算表（21-2 表）如下所示。如篇幅不够，可扫描二维码获取表格电子版，自行加页。

分项工程概（预）算表

编制范围：

分项编号：　工程名称：　单位：　数量：　单价：　第 1 页　共 4 页　21-2 表

序号	工程项目															合计	
	工程细目																
	定额单位																
	工程数量																
	定额表号																
	工、料、机名称	单位	单价（元）	定额	数量	金额（元）	定额	数量	金额（元）	定额	数量	金额（元）	定额	数量	金额（元）	数量	金额（元）

学习任务 2　施工图预算编制专项训练

一、任务目的

通过学习公路工程概预算相关知识，结合各种计价依据，在熟悉各项费用的计算方法后，开展施工图预算文件编制的专项训练；同时，在掌握公路造价软件的操作方法后，开展施工图预算文件编制的电算训练。

二、参考材料

1. 教材“模块三　公路工程概算、预算文件编制”相关内容。

2.《公路工程预算定额（上、下册）》（JTG/T 3832—2018）、《公路工程建设项目概算预算编制办法》（JTG 3830—2018）、《公路工程机械台班费用定额》（JTG/T 3833—2018）。

三、任务描述

题目参考学习任务 1，调查项目的基本情况，选择合适的施工方案，并在确定当地材料供应价格和运输条件后，试编制该路面工程项目的基层、底基层和路缘石三个分项工程的施工图预算文件。

1. 项目基本情况：某二级公路，位于陕西省宝鸡市境内，路段长度为 6km，路面宽度为 24m，基层结构为 20cm 厚 5.5% 的水泥稳定碎石基层 + 32cm 厚 4% 的水泥稳定碎石底基层，基层各结构层半刚性混合料均采用厂拌法施工，采用 300t/h 的厂拌设备拌和，15t 自卸汽车运输，综合运距为 3km。

2. 单价信息：

（1）人工单价和机械工单价均按 105.89 元/工日计算。

（2）材料供应：水泥、型钢、组合钢模板等外购材料采用业主指定品牌，供应单价按照合同规定；片石、碎石等地方性材料选取就近的厂家供应，供应单价按当地材料的平均物价水平确定，由于工地靠近河流，河道内有充足的砂石，因此决定本项目中的中（粗）砂材料采取自采加工和自办运输的方式。各种材料的原价与运输方式见下表。

各种材料的原价与运输方式

序号	材料名称	单位	材料原价	运输方式，比重，运距	单位毛质量或毛质量系数	运价率［元（t·km）］	装卸费率［元（t·次）］	杂费费率（元/t）
1	型钢	t	3700	汽车，1.00，60km	1.00	0.65		
2	钢板	t	3800	汽车，1.00，60km	1.00	0.65		
3	组合钢模板	t	6000	汽车，1.00，60km	1.00	0.65	2.5	2.0
4	电焊条	kg	6.2	汽车，1.00，60km	1.00	0.65		
5	铁件	kg	4.4	汽车，1.00，60km	0.0011	0.65		

续上表

序号	材料名称	单位	材料原价	运输方式,比重,运距	单位毛质量或毛质量系数	运价率[元(t·km)]	装卸费率[元(t·次)]	杂费费率(元/t)
6	锯材	m^3	1380	汽车,1.00,60km	0.65	0.65	2.5	2.0
7	中(粗)砂	m^3	自采材料	自办运输,1.00,0.5km	1.50			
8	石屑	m^3	88	汽车,1.00,15km	1.00	0.6		
9	片石	m^3	75	汽车,1.00,15km	1.60	0.6		
10	碎石(4cm)	m^3	55	汽车,1.00,15km	1.50	0.6		
11	碎石	m^3	50	汽车,1.00,15km	1.50	0.6		
12	块石	m^3	85	汽车,1.00,15km	1.85	0.6		
13	32.5 级水泥	t	350	汽车,1.00,60km	1.01	0.65		
14	水	m^3	2.5					
15	电	kW·h	0.85					
16	柴油	kg	7.5					

(3)根据项目所在地的相关文件规定,部分机械需缴纳车船税,具体执行标准见下表。

车船税缴纳标准

序号	机械代号	机械名称	车船税标准(元/台班)
1	8001045	1.0m^3 以内轮胎式装载机	1.65
2	8001049	3.0m^3 以内轮胎式装载机	4.13
3	8005028	3m^3 以内混凝土搅拌运输车	2.82
4	8007017	15t 以内自卸汽车	3.57
5	8007024	20t 以内平板拖车组	7.31
6	8007043	10000L 以内洒水汽车	2.85
7	8007046	1t 以内机动翻斗车	0.27
8	8009027	12t 以内汽车式起重机	4.80
9	8009032	40t 以内汽车式起重机	10.80
10	8009034	75t 以内汽车式起重机	19.50

3. 为满足营运需要,该项目购置了 3 套视频监控系统,需要安装,设备原价为 1.8 万元,运杂费按照设备原价的 0.8% 计列,运输保险按照设备原价的 1% 计列,采购及保管费按照设备原价的 1.2% 计列。

4. 该项目永久性占用耕地 70 亩(1 亩 = 666.67m^2),修建拌和站等临时征用土地 50 亩,拆迁民用房屋 3000m^2,工业厂房 500m^2。

5. 该项目运营前安排 15 名路政管理人员进行岗前培训。

6. 该项目贷款总额为 3000 万元,计息年 3 年,第 1 年贷款额 750 万元,第 2 年贷款额 1500 万元,第 3 年贷款额 750 万元,贷款利率 8%。

7. 该项目 2019 年完成施工图预算,2020 年开始施工,建设期 2 年,经预测,工程造价增长率约为 5%。

四、任务实施

1. 全班统一任务,在教师的指导下分小组进行。

2. 任务小组由 2～3 人组成,相互配合,共同完成任务。

3. 小组成员应注意沟通协调,形成认真负责、严谨认真的工作态度,树立团队意识。

4. 表格填写应规范、清晰,工料机名称、单位、代号等符合定额中的要求,按照《公路工程建设项目概算预算编制办法》(JTG 3830)中的规定,正确计算各项费用,并填入相应的表格中。

五、任务表格

依据《公路工程建设项目概算预算编制办法》(JTG 3820—2018),本次任务填写的概(预)算表格如下表所示。如篇幅不够,可扫描二维码获取表格电子版,自行加页。

概(预)算表格(电子表格)

总概（预）算表

建设项目名称：

编制范围：　　　　　　　　　　第　页　共　页　01 表

分项编号	工程或费用名称	单位	数量	金额（元）	技术经济指标	各项费用比例	备注

人工、主要材料、施工机械台班数量汇总表

建设项目名称：

编制范围：　　　　　　　　　　第　页　共　页　02 表

代号	规格名称	单位	总数量	分项统计								场外运输损耗	
												%	数量

建筑安装工程费计算表

建设项目名称：

编制范围： 第　页　共　页　03 表

序号	分项编号	工程名称	单位	工程量	定额直接费（元）	定额设备购置费（元）	直接费（元）				设备购置费	措施费	企业管理费	规费	利润（元）	税金（元）	金额合计	
							人工费	材料费	施工机械使用费	合计					费率（%）	税率（%）	合计	单价
1	2	3	4	5	6	7	8	9	10	11	12	13	14	15	16	17	18	19
	110	专项费用																
	11001	施工场地建设费	元															
	11002	安全生产费	元															
合计																		

综合费率计算表

建设项目名称：

编制范围： 第 页 共 页 04 表

编号	工程类别	措施费(%)											企业管理费(%)						规费(%)					
		冬季施工增加费	雨季施工增加费	夜间施工增加费	高原地区施工增加费	风沙地区施工增加费	沿海施工增加费	行车干扰施工增加费	施工辅助费	工地转移费	综合费率		基本费率	主副食运费补贴	职工探亲路费	职工取暖补贴	财务费用	综合费率	养老保险费	失业保险费	医疗保险费	工伤保险费	住房公积金	综合费率
											Ⅰ	Ⅱ												
1	2	3	4	5	6	7	8	9	10	11	12	13	14	15	16	17	18	19	20	21	22	23	24	25

设备费计算表

建设项目名称：

编制范围：　　　　　　　　　　第　　页　　共　　页　　05 表

代号	设备名称	规格型号	单位	数量	基价	定额设备购置费(元)	单价(元)	设备购置费(元)	税金(元)	定额设备费(元)	设备费(元)

专项费用计算表

建设项目名称：

编制范围：　　　　　　　　　　　　　　　　　　　　　　第　页　共　页　06 表

序号	工程或费用名称	说明及计算式	金额(元)	备注

土地使用及拆迁补偿费计算表

建设项目名称：

编制范围：　　　　　　　　　　　　　　　　　　　　　　　　第　页　共　页　07 表

序号	费用名称	单位	数量	单价(元)	金额(元)	说明及计算式	备注

工程建设其他费计算表

建设项目名称：

编制范围：　　　　　　　　　　　　　　　　　　　　第　页　共　页　08 表

序号	费用名称及项目	说明及计算式	金额(元)	备注

人工、材料、施工机械台班单价汇总表

建设项目名称：

编制范围：

第　　页　　共　　页　　09表

序号	名称	单位	代号	预算单价(元)	备注	序号	名称	单位	代号	预算单价(元)	备注

分项工程概(预)算表

编制范围：

分项编号：　　工程名称：　　单位：　　数量：　　单价：　　　　　　　　第　　页　　共　　页　　21-2 表

序号	工程项目														合计	
	工程细目															
	定额单位															
	工程数量															
	定额表号															
	工、料、机名称	单位	单价(元)	定额	数量	金额(元)	定额	数量	金额(元)	定额	数量	金额(元)	定额	数量	金额(元)	数量	金额(元)

分项工程概（预）算表

编制范围：

分项编号：　工程名称：　单位：　数量：　单价：　第　页　共　页　21-2 表

序号	工程项目															合计	
	工程细目																
	定额单位																
	工程数量																
	定额表号																
	工、料、机名称	单位	单价（元）	定额	数量	金额（元）	定额	数量	金额（元）	定额	数量	金额（元）	定额	数量	金额（元）	数量	金额（元）

材料预算单价计算表

建设项目名称：

编制范围：　　　　　　　　　　　　　　　　　　　　　　　　　第　　页　　共　　页　　22 表

序号	规格名称	单位	原价	运杂费					原价运费合计	场外运输损耗		采购及保管费		预算单价（元）
				供应地点	运输方式、比重及运距	毛重系数或单位毛重	运杂费构成说明或计算式	单位运费		费率（%）	金额	费率（%）	金额	
1	2	3	4	5	6	7	8	9	10	11	12	13	14	15

自采材料料场价格计算表

编制范围：

自采材料名称：　　单位：　　数量：　　料场价格：　　　　第　页　共　页　23-1 表

代号	工程项目												合计	
	工程细目													
	定额单位													
	工程数量													
	定额表号													
	工、料、机名称	单位	单价（元）	定额	数量	金额（元）	定额	数量	金额（元）	定额	数量	金额（元）	数量	金额（元）
	直接费	元												
	辅助生产间接费	元			%			%			%			
	高原取费	元			%			%			%			
	金额合计	元												

材料自办运输单位运费计算表

编制范围：

自采材料名称：　　单位：　　数量：　　单位运费：　　　　第　页　共　页　23-2 表

代号	工程项目												合计	
	工程细目													
	定额单位													
	工程数量													
	定额表号													
	工、料、机名称	单位	单价(元)	定额	数量	金额(元)	定额	数量	金额(元)	定额	数量	金额(元)	数量	金额(元)
	直接费	元												
	辅助生产间接费	元			%			%			%			
	高原取费	元			%			%			%			
	金额合计	元												

施工机械台班单价计算表

建设项目名称：

编制范围：

第　页　共　页　24 表

序号	代号	机械规格名称	台班单价（元）	不变费用(元)		可变费用(元)									
				调整系数：		人工：（元/工日）		汽油：（元/kg）		柴油：（元/kg）		电：[（元(kW·h)]		车船税	合计
				定额	调整值	定额	金额	定额	金额	定额	金额	定额	金额		
1	2	3	4	5	6	7	8	9	10	11	12	13	14	15	16

辅助生产人工、材料、施工机械台班单位数量表

建设项目名称：

编制范围： 第 页 共 页 25表

序号	规格名称	单位	人工(工日)						

学习任务3　工程量清单编制专项训练

一、任务目的

通过学习公路施工项目工程量清单编制相关知识，熟悉工程量清单的组成，开展工程量清单编制的专项训练。

二、参考材料

1. 教材“模块四　公路工程招投标阶段造价编制”相关内容。

2.《公路工程预算定额(上、下册)》(JTG/T 3832—2018)、《公路工程建设项目概算预算编制办法》(JTG 3830—2018)、《公路工程机械台班费用定额》(JTG/T 3833—2018)、《公路工程标准施工招标文件(2018 年版)》。

三、任务描述

题目参考学习任务 1，调查项目的基本情况和现场实际施工条件，制订科学的施工方案，选择合适的施工方法和施工机具，考虑应设置的开办项目，并考虑一定数量的计日工，试编制该项目路面工程的工程量清单。

1. 项目基本情况：某二级公路，位于陕西省宝鸡市境内，路段长度为 6km，路面宽度为 24m，上面层为 4cm 厚 SMA-13 沥青玛𤧛脂碎石混合料抗滑表层，中面层为 5cm 厚 AC-16 中粒式沥青混凝土，下面层为 7cm 厚 AC-20 粗粒式沥青混凝土，面层材料均采用厂拌法施工，基层之上设置 0.6cm 厚 ES-2 型乳化沥青稀浆封层，基层结构为 20cm 厚 5.5% 的水泥稳定碎石基层，32cm 厚 4% 的水泥稳定碎石底基层。基层各结构层半刚性混合料均采用厂拌法施工，根据工期设置，选用 300t/h 的厂拌设备拌和，15t 自卸汽车运输，综合运输距离为 3km。面层沥青混合料采用厂拌法施工，根据工期要求，选用 240t/h 的拌和设备。

2. 考虑设置保险费、工程管理等开办项目，将信息化系统费用列为暂估价。

3. 结合现场的实际交通条件，考虑修建一定长度的临时道路，长度约为 3km，考虑修建一定数量的供水和排污设施。

4. 考虑临时征用一定数量的耕地，修建稳定土拌和站和沥青混凝土拌和站，面积大约为 500 亩；考虑临时征用一定数量的耕地，作为承包人驻地建设土地，面积大约为 100 亩。

5. 按照施工标准化要求，应考虑施工驻地、工地试验室、拌和站、仓储存放地等费用项目，设置规模应符合公路施工标准化技术指南的要求。

6. 结合项目施工条件，考虑一定数量的计日工(包括劳务、材料和机械)。

四、任务实施

1. 全班统一任务，在教师的指导下分小组进行。

2. 任务小组由 2 ~ 3 人组成，相互配合，共同完成任务。

3. 小组成员应注意沟通协调，形成认真负责、严谨认真的工作态度，树立团队意识。

4. 表格填写应规范、清晰，正确选择清单子目，清单子目和编号要填写完整、准确，清单子目应与项目实际情况相符，不得漏项、错项，并填入相应的工程量清单表格中。

工程量清单表格
（电子表格）

五、任务表格

依据《公路工程标准施工招标文件（2018 年版）》，本次任务填写的工程量清单表格如下表所示。如篇幅不够，可扫描二维码获取表格电子版，自行加页。

1. 工程量清单表

清单　第 100 章　总则

子目号	子目名称	单位	数量	单价	合价

清单　第 100 章　合计　人民币________

清单 第300章 总则

子目号	子目名称	单位	数量	单价	合价

清单 第300章 合计 人民币________

2. 计日工表

劳务

编号	子目名称	单位	暂定数量	单价	合价
101	班长	h			
102	普通工	h			
103	焊工	h			
104	电工	h			
105	混凝土工	h			
106	木工	h			
107	钢筋工	h			
	……				

劳务小计金额：

（计入“计日工汇总表”）

材料

编号	子目名称	单位	暂定数量	单价	合价
201	水泥	t			
206	砂	m^3			
207	碎石	m^3			
	……				

材料小计金额：________

（计入“计日工汇总表”）

施工机械

编号	子目名称	单位	暂定数量	单价	合价
301	装载机				
301-2	1.5m^3 以下				
301-2	1.5～2.5m^3 装载机	h			
302	推土机				
302-1	90kW 以下推土机				
302-2	90～180kW 推土机	h			

施工机械小计金额：________

（计入“计日工汇总表”）

计日工汇总表

名称	金额	备注
劳务		
材料		
施工机械		
计日工总计： （计入“投标报价汇总表”）		

3. 暂估价表

专业工程暂估价表

序号	专业工程名称	工程内容	金额
小计：　　元			

投标报价汇总表

＿＿＿＿＿（项目名称）＿＿＿＿＿标段

序号	章次	科目名称	金额(元)
1			
2			
3			
4			
5			
6			
7			
8			
9			
10			
11			
12			
13			

学习任务4　投标报价编制专项训练

一、任务目的

通过学习公路工程工程量清单和投标报价相关知识,结合招标文件和项目实际施工条件,在熟悉投标报价各部分费用的计算方法和投标技巧后,开展投标报价编制的专项训练。

二、参考材料

1. 教材“模块四　公路工程招投标阶段造价编制”相关内容。

2.《公路工程预算定额(上、下册)》(JTG/T 3832—2018)、《公路工程建设项目概算预算编制办法》(JTG 3830—2018)、《公路工程机械台班费用定额》(JTG/T 3833—2018)、《公路工程标准施工招标文件(2018 年版)》。

三、任务描述

题目参考学习任务 1,调查项目的基本情况,制订科学的施工方案,选择合适的施工方法和施工机具,调查项目当地的工料机价格,选择合适的投标策略,编制该项目的施工投标报价。

1. 项目基本情况:某二级公路,位于陕西省宝鸡市境内,路段长度为 6km,路面宽度为 24m,上面层为 4cm 厚 SMA-13 沥青玛蹄脂碎石混合料抗滑表层,中面层为 5cm 厚 AC-16 中粒式沥青混凝土,下面层为 7cm 厚 AC-20 粗粒式沥青混凝土,面层材料均采用厂拌法施工,基层之上设置 0.6cm 厚 ES-2 型乳化沥青稀浆封层,基层结构为 20cm 厚 5.5% 的水泥稳定碎石基层,32cm 厚 4% 的水泥稳定碎石底基层。

2. 编制投标报价时,应选取企业的施工定额,如果企业没有施工定额,可以参考《公路工程预算定额(上、下册)》(JTG/T 3832—2018)的工料机消耗,并根据企业的施工水平调整消耗。

3. 人工单价参考项目所在地发布的文件;材料预算价格应在当地定额站所发布的“材料价格信息”基础上进行市场询价,并货比三家;计算机械台班单价,调查租赁价格,确定是使用自己购置的机械还是当地租赁机械更能降低成本,然后按照所选用机械设备的来源和相应的费用计算。

4. 选择费率时,应结合施工现场情况、工程条件、施工单位自身技术装备水平和管理水平,并充分考虑成本降低措施而适当调整(一般情况下调低,没有发生的费用尽量不要列)。

5. 招标文件中规定,工程一切险按第 100 ~ 700 章清单合计金额(不含本身及第三方责任险)的 0.3% 计算;安全生产费按第 100 ~ 700 章合计金额(不含本身及保险费)的 1.5% 计算;第 100 章中其他费用按照包干价的形式填写报价。

6. 不可预见费按第 100 ~ 700 章合计金额减专项暂定金后的 5% 计算。

7. 确定投标报价总额后,可利用不平衡报价法的原则,进行单价重分配。

四、任务实施

1. 全班统一任务，在教师的指导下分小组进行。

2. 任务小组由 2 ~ 3 人组成，相互配合，共同完成任务。

3. 小组成员应注意沟通协调，形成认真负责、严谨认真的工作态度，树立团队意识。

4. 表格填写应规范、清晰，工料机名称、单位、代号等符合定额的要求，按照编制办法中的规定，正确计算各项费用，并填入相应的表格中。

5. 本学习任务建议采用专业造价软件计算完成，条件若不允许也可手工计算完成。

五、任务表格

依据《公路工程标准施工招标文件（2018 年版）》和《公路工程建设项目概算预算编制办法》（JTG 3830—2018），本次任务的投标报价可直接填写在学习任务 3 的工程量清单中。预算单价计算表格与学习任务 2 中的表格一致，可自行加页。

学习任务5　工程变更费用计算专项训练

一、任务目的

通过学习公路工程变更相关知识,结合工程量清单和项目实际变更情况,在熟悉工程变更单价的特点方法后,开展工程变更费用计算的专项训练。

二、参考材料

1.教材“模块五　公路工程费用结算”相关内容。

2.《中华人民共和国标准施工招标文件》通用合同条款第15条、《公路工程标准施工招标文件(2018年版)》专用合同条款第15条。

三、任务描述

背景材料:某二级公路工程,里程桩号为K0+000~K9+000,长9km,施工单位投标时编制出的预算总价为25673362元,为了中标,在调价函中将总价下浮10%(所有项目预算单价平均下浮10%),中标的合同造价为23106026元,中标的工程量清单(部分内容省略)见下表。

工程量清单表(部分)

子目号	子目名称	单位	数量	单价	合价
100	第100章　总则	元			3296102
200	第200章　路基	元			9546611
	……				
203-1	路基挖方				
-a	挖土方	m^3	146714	7.71	1131165
-b	挖石方	m^3	174205	24.44	4257570
-d	挖淤泥	m^3	4593.1	23.68	108765
204-1	路基填筑				
-a	换填土	m^3	4593.1	13.52	62099
-b	利用土方	m^3	69628	3.82	265979
-c	利用石方	m^3	99300	6.07	602751
	……				
207-3	M7.5浆砌片石截水沟				
-a	500mm×500mm	m	1429.32	131.50	187956
208-5	护面墙				
-a	M7.5浆砌片石	m^3	1089.2	116.71	127121
216-1	护肩、护脚				

续上表

子目号	子目名称	单位	数量	单价	合价
-a	M7.5 浆砌片石	m^3	1690.7	111.00	187668
300	第 300 章　路面	元			5621296
304-4	5% 水泥稳定碎石基层				
-a	厚 180mm	m^2	76220	22.30	1699706
	……				
400	第 400 章　桥梁、涵洞	元			2351249
401-419	中桥	m	56	16256.64	910372
420-1	钢筋混凝土盖板涵(...m×...m)				
-j	1.6×2	m	75	2431.14	182336
-k	1.6×2.5	m	126	2774.34	349567
421-1	拱涵(...m×...m)				
-b	3×3	m	62.4	6486.88	404781
-c	3×3.5	m	46	5800.17	266808
-d	4×3	m	20.45	8723.55	178397
600	第 600 章　安全设施及预埋管线	元			145827
700	第 700 章　绿化及环境保护设施	元			21611
	暂定金额	元			3013829
	总计	元			23106026

在工程施工过程中,发生了以下设计变更事件。

(1)挖方土石成分及总量发生变化,挖土方数量减少 35000m^3,而挖石方数量增加 38000m^3。

(2)K1+200~K1+350 段软基减少换填土 1060m^3,增加抛填石 1560m^3(抛填石预算单价为 78 元/m^3)。

(3)全段共增加 500mm×500mm M7.5 浆砌片石截水沟 230m,M7.5 浆砌片石护脚 555m^3,M7.5 浆砌片石护面墙 235m^3。

(4)厚 180mm 5% 水泥稳定碎石基层变更为厚 200mm。

(5)取消 K5+790 处 1.6m×2.5m 钢筋混凝土盖板涵,长为 13m。

(6)全线增设单孔 ϕ1.0m 钢筋混凝土圆管涵 35.8m/3 道(圆管涵预算单价为 620 元/m)。

(7)K6+300 处 3m×3m 拱涵增大为 4m×3m,长度不变,仍为 11.5m。

合同双方在“项目专用合同条款”第 15 款中有如下约定:“变更导致实际完成的变更工程量与已标价工程量清单或预算书中列明的该项目工程量的变化幅度超过 15% 的,或已标价工程量清单或预算书中无相同项目及类似项目单价的,按照合理的成本与利润构成的原则,由合同当事人经协商确定变更工作的单价。”

试根据“公路工程专用合同条款”“项目专用合同条款”等相关合同文件,确定以上变更工程的单价及相应变更金额。

四、任务实施

1. 全班统一任务，在教师的指导下分小组进行。

2. 任务小组由 2～3 人组成，相互配合，共同完成任务。

3. 小组成员应注意沟通协调，形成认真负责、严谨认真的工作态度，树立团队意识。

4. 表格填写应规范、清晰，支付号、项目名称等与清单中的要求保持一致，按照合同条款中的规定，正确计算各项变更费用，并汇总到表格中。

五、任务表格

本次任务的变更费用填写在工程变更费用计算表中，如下表所示。如篇幅不够。可扫描二维码获取表格电子版，自行加页。

工程变更费用计算表
（电子表格）

__________公路

工程变更费用计算表

支付号	工程项目名称	单位	变更数量 增(＋) 减(－)	单价(元)	变更金额(元) 增(＋) 减(－)

说明：

备注							
负责人		审核		计算		日期	年　月　日

学习任务 6　工程索赔工期和费用计算专项训练

一、任务目的

通过学习公路工程索赔事项相关知识,结合招标文件和项目实际施工条件,在熟悉投标报价各部分费用的计算方法和投标技巧后,开展投标报价编制的专项训练。

二、参考材料

1.教材“模块五　公路工程费用结算”相关内容。

2.《中华人民共和国标准施工招标文件》通用合同条款第 23 条、《公路工程标准施工招标文件(2018 年版)》专用合同条款第 23 条。

三、任务描述

背景材料:某路桥公司(乙方)于某年 7 月 15 日与业主(甲方)签订了修建某路口匝道的施工合同。乙方编制的施工方案和进度计划已经获得监理工程师批准。该工程的基坑开挖土方量为 5000m^3,综合费率为 20%。该基坑施工方案规定:土方工程采用租赁一台斗容量为 1.50的反铲挖掘机施工(租赁费 500 元/台班)。甲、乙双方合同约定 8 月 1 日开工,8 月 10 日完工。在实际施工中发生了如下几项事件。

事件 1:因租赁的挖掘机大修,晚开工 2 天,造成人员窝工 10 个工日。

事件 2:施工过程中,因遇到软土层,接到监理工程师 8 月 5 日停工的指令,进行地质复查,配合用工 15 个工日。

事件 3:8 月 9 日接到监理工程师于 8 月 10 日复工指令,同时提出基坑开挖深度加深 2m 的设计变更通知单,由此增加土方开挖量 1000 m^3。土方单价为 4.20 元/m^3。

事件 4:8 月 10—12 日,因大雨迫使基坑开挖暂停,造成人员窝工 10 个工日。

事件 5:8 月 13 日用 30 个工日修复冲坏的永久性道路;8 月 14 日恢复挖掘工作,最终基坑于 8 月 20 日开挖完毕。

问题 1:路桥公司可以就上述哪些事件向业主要求索赔,哪些事件不可以要求索赔?请说明原因。

问题 2:每项事件工期索赔是多少天?总计工期索赔多少天?

问题 3:假设人工费单价为 123 元/工日,因增加用工所需的管理费为增加人工费的 30%,则合理的费用索赔总额是多少?

问题 4:乙方应向甲方提供的索赔文件有哪些?

四、任务实施

1.全班统一任务,在教师的指导下分小组进行。

2.任务小组由 2~3 人组成,相互配合,共同完成任务。

3. 小组成员应注意沟通协调，形成认真负责、严谨认真的工作态度，树立团队意识。

4. 表格填写应规范、清晰，金额和工期等索赔诉求应准确，计算过程要详尽，证明材料只需要列出材料名称即可。

费用索赔和工期索赔申请表（电子表格）

五、任务表格

本次任务的索赔诉求填写在费用索赔和工期索赔申请表中，如下表所示。如篇幅不够，可扫描二维码获取表格电子版，自行加页。

费用索赔申请表

工程名称：

致：________________项目监理机构：

根据承包合同条款______________________条的规定，由于__________，我方要求索赔金额（大写）______________________，请审批。

总承包单位（章）：

专业工程师：__________　　　　项目经理：__________

日　　期：__________

附件：1. 索赔的详细理由及经过说明；

2. 索赔金额计算书；

3. 证明材料。

工期索赔申请表

工程名称：

致：______________________项目监理机构：

根据承包合同条款______________________________条的规定，由于______________，我方要求索赔工期______________________________，请审批。

总承包单位(章)：

专业工程师：______________　　　项目经理：______________

日　　期：______________

附件：1. 索赔的详细理由及经过说明；

2. 索赔工期计算书；

3. 证明材料。

学习任务7　工程费用结算专项训练

一、任务目的

通过学习公路工程结算与费用支付相关知识,结合相关合同文件和项目具体要求,在熟悉工程结算各种费用的计算方法和支付流程后,开展工程结算的专项训练。

二、参考材料

1. 教材“模块五　公路工程费用结算”相关内容。

2.《中华人民共和国标准施工招标文件》通用合同条款、《公路工程标准施工招标文件(2018年版)》专用合同条款。

三、任务描述

背景材料:某公路工程项目业主与承包人签订了工程施工合同,合同中含有两个子项工程,甲项目估算工程量为2300m^3,乙项目估算工程量为3200m^3。子项工程实际工程量见下表。经协商甲项目合同单价为180元/m^3,乙项目为160元/m^3。合同执行过程的第3月产生价值4万元变更工程;第4个月承包人成功索赔金额2万元。

子项目工程实际工程量(单位:m^3)

项目	月份			
	1	2	3	4
甲项目	500	800	800	600
乙项目	700	900	800	600

承包合同规定如下:

1. 开工前业主应向承包人支付合同价20%的预付款。预付款在最后两个月扣除,每月扣50%。
2. 当子项目工程实际累计工程量超过估算工程量的10%时,可进行调价,调价系数为0.9。
3. 根据市场情况规定价格调整系数平均按1.2计算。
4. 监理工程师签发月度付款最低金额为25万元。

问题:1. 预付工程款是多少?

2. 每月的清单费用价款是多少?监理工程师应签发的工程款是多少?实际签发的付款凭证金额是多少?

四、任务实施

1. 全班统一任务,在教师的指导下进行。
2. 注意沟通协调,形成认真负责、严谨认真的工作态度,树立团队意识。
3. 计算过程应规范、清晰,费用计算应准确,计算过程要详尽。

五、任务表格

本次任务的计算过程填写在下列表格中。如篇幅不够，可扫描二维码获取表格电子版，自行加页。

工程结算计算书(电子表格)

工程结算计算书

<table>
<tr><td>预先支付</td><td colspan="2"></td></tr>
<tr><td rowspan="12">中期支付</td><td rowspan="3">1 月</td><td>清单价款：</td></tr>
<tr><td>监理应签发价款：</td></tr>
<tr><td>监理实际签发价款：</td></tr>
<tr><td rowspan="3">2 月</td><td>清单价款：</td></tr>
<tr><td>监理应签发价款：</td></tr>
<tr><td>监理实际签发价款：</td></tr>
<tr><td rowspan="3">3 月</td><td>清单价款：</td></tr>
<tr><td>监理应签发价款：</td></tr>
<tr><td>监理实际签发价款：</td></tr>
<tr><td rowspan="3">4 月</td><td>清单价款：</td></tr>
<tr><td>监理应签发价款：</td></tr>
<tr><td>监理实际签发价款：</td></tr>
</table>

学习任务8　工程造价管理软件操作专项训练

一、任务目的

通过开展施工图预算文件编制的电算训练，学习公路造价管理系统的操作方法。

二、参考材料

1. 教材“模块六　公路工程造价管理系统应用”相关内容。
2. 同望 WECOST 公路工程造价管理系统操作教学视频。

三、任务描述

任务条件参见“学习任务2：施工图预算编制专项训练”，在配有网络的计算机机房提前安装好同望 WECOST 公路工程造价管理系统或者其他公路工程造价管理软件等造价软件，要求学生在教师的指导下完成施工图预算文件的操作流程。

四、任务实施

1. 全班统一任务，在教师的指导下，每名同学单独完成任务。
2. 操作步骤应规范、完整，最终生成完整的计算报表，导出项目文件，提交报表电子版。

学习任务9　工程计量与支付管理平台操作专项训练

一、任务目的

通过开展清单计量、变更管理，完成一期清单计量与支付的操作，学习公路工程计量与支付管理平台的操作方法。

二、参考材料

1. 教材“模块七　公路工程计量与支付管理平台应用”相关内容。

2. 计支宝工程信息化管理云平台操作教学视频。

三、任务描述

在配有网络的计算机机房登录计支宝工程信息化管理云平台，根据给定的案例资料和教学视频等，完成案例中的清单计量与支付工作，并正确处理施工过程中工程变更的计量与支付工作。案例资料包括项目概况、施工合同、工程量清单、监理合同、变更资料、本期计量统计表、其他附件资料等，由于篇幅较多，可扫描二维码分别下载。

计量支付案例文件（文本）

四、任务实施

1. 全班统一任务，在教师的指导下分小组进行。

2. 任务小组由3人组成，分别扮演建设单位、施工单位、监理单位的角色，相互配合，完成案例项目的工程计量与支付过程。

3. 操作步骤应规范、完整，最终生成并输出完整的计量支付报表，提交报表电子版。